W0360281

Becherkuchen

AUTORIN: RENATE KISSEL | FOTOS: MICHAEL BRAUNER

Praxistipps

Extra

Rezepte

Gut zu haben – gut zu wissen

Wer einen Becher-Kuchen backen möchte, sollte statt einer Waage einen leeren, sauberen Sahnebecher (200 ml Inhalt), einen Esslöffel und einen Teelöffel bereitlegen. Hinzu kommt ein kleiner Vorrat an Zutaten.

Mehlsorten Je höher die Typenzahl des Mehls, desto größer ist der Anteil der ballaststoffreichen Randschichten des Korns und desto dunkler ist das Mehl. Die Typenzahlen sind demnach auch das Maß für den Nährstoffgehalt des Mehles.

Feine Kuchen und Torten gelingen am besten mit **Weizenmehl** Typ 405, dem üblichen weißen Mehl. Es liefert die nötige Elastizität und Festigkeit für den Teig und lässt sich mit Hilfe von Backpulver oder Eischnee wunderbar auflockern. Zarte Rührkuchen und Gebäck aus Quark-Öl-Teig schmecken aber auch mit dunklerem Weizenmehl des Types 550 ganz hervorragend.

Sehr gut geeignet ist auch **Dinkelmehl** des Types 630 und Dinkelvollkornmehl. Neben dem nussigen Geschmack und den wertvollen Inhaltsstoffen besitzt diese Urform des Weizens hervorragende Backeigenschaften. Sie können Weizenmehl 1:1 durch Dinkelmehl ersetzen.

Den höchsten Nährstoffgehalt hat **Vollkornmehl,** das aus dem ganzen Korn besteht. Es hat keine Typenzahl. Wenn Sie mit Vollkornmehl backen, müssen Sie die Flüssigkeitsmenge in den Rezepten erhöhen, da die Schalenanteile bei dieser Mehlsorte stärker quellen.

Alle Mehlsorten sollten Sie dunkel und kühl im Vorratsschrank lagern – am besten in gut verschließbaren Vorratsdosen.

Backpulver In diesem Buch haben wir uns auf Backpulver als Backtriebmittel beschränkt. Kommt Backpulver mit Flüssigkeit in Kontakt, beginnt es zu arbeiten. Das ist auch der Grund, weshalb ein Kuchen, den man mit Backpulver zubereitet, sofort in den Ofen kommen sollte.

Zucker Der weiße Kristallzucker, schnell löslich und neutral im Geschmack, ist für feine Kuchen und Gebäcke hervorragend geeignet. Puderzucker ist ideal für Cremes und Glasuren, weil er sich sofort auflöst und mit anderen Zutaten verbindet. Alle anderen Zuckerarten haben einen gewissen Eigengeschmack, mit dem Sie Kuchen und Gebäck eine interessante Note geben können: Den ungereinigten, ungebleichten Rohzucker bezeichnet man als braunen Zucker oder Farinzucker. Er ist nicht wertvoller als weißer Zucker, wird aber wegen seines karamellartigen Geschmacks oft für Honig-, Leb- und Früchtekuchen genommen. Rohrohrzucker wird aus dem abgepressten Zellsaft des Zuckerrohrs gewonnen. Sein Aroma ist würzig-süß. Er enthält viele Vitamine und Mineralstoffe. Auch Honig eignet sich gut zum Backen. Hier können Sie ruhig mal zu preiswerten Sorten greifen, da die wertvollen Inhaltsstoffe den hohen Backtemperaturen ohnehin nicht standhalten. Ahornsirup ist der eingedickte Saft des Zuckerahorns.

Grundvorrat

Milchprodukte

Gewürze, Nüsse, Früchte

Fette und Öle Besonders gut geeignet zum Backen ist Butter, aber auch mit Margarine oder einem geschmacksneutralen Öl (z. B. Sonnenblumen- oder Rapsöl) werden Kuchen und Gebäck schön locker.

Frische Eier lockern einen Kuchen auf und tragen wesentlich zum Geschmack und zur Farbe bei. Verwenden Sie stets nur ganz frische, am besten Bio-Eier. Sie lassen sich gut trennen und schmecken ganz hervorragend.

Gewürze Eine Auswahl an Gewürzen sollten Sie trocken und dunkel im Vorratsschrank lagern. Die Basis bildet Vanillezucker, mit dem Sie Kuchen und Gebäck ein feines Aroma geben. Vanillezucker kann man ganz einfach auch selbst herstellen, indem man eine ausgekratzte Vanilleschote in einem Schraubglas mit Zucker aufbewahrt. Der Zucker nimmt nach und nach den köstlichen Vanillegeschmack an. Ein weiteres Basisgewürz zum Backen ist Zimtpulver. Hinzu kommen gemahlener Sternanis, Koriander und Muskatnuss, eventuell auch Ingwerpulver und Safran.

Nüsse, Kerne und Samen können Sie gut zu Hause aufbewahren. Der Vorrat an Wal- und Haselnüssen, Mandeln, Pistazien, Pinienkernen und Mohn sollte allerdings nicht zu groß sein, da sie durch ihren hohen Fettgehalt leicht ranzig werden. Ganze Nüsse und Mandeln behalten ihr Aroma länger als gemahlene.

Zum Verfeinern der Kuchen sind Schokoladenraspel, Rosinen, Marzipan, Nugat und Kokosraspel ideal. Wenn Sie dann noch helle und dunkle Kuvertüre im Haus haben, kann es jederzeit losgehen.

Feuchtigkeit Rührteige brauchen viel Feuchtigkeit. Eier und Milch spielen dabei die Hauptrolle. Aber auch Eierlikör, Kokosmilch, Quark oder Buttermilch machen den Kuchen saftig.

Früchte Ein kleiner Vorrat an Konserven mit Obst (z. B. Kirschen oder Aprikosen) oder tief gekühlte Früchte – besonders Beeren – können zusätzlich von großem Nutzen sein.

Rührteig

Die Teigmenge reicht für eine Springform von 26 cm ∅, für eine Kastenform von 30 cm Länge, für 1 Muffinsblech mit 12 Vertiefungen oder 1 Kranzform von 1½ l Inhalt.

200 g weiche Butter | ¾ Becher Zucker | 1 EL Vanillezucker | 3 Eier | 2 Becher Mehl, Type 405 | 1½ TL Backpulver | 4 EL Milch | Fett und Mehl für die Form

1 Alle Zutaten sollten Zimmertemperatur haben, also Butter und Eier rechtzeitig aus dem Kühlschrank nehmen. Alle anderen Zutaten und Gewürze bereitstellen und gegebenenfalls schon abmessen (Bild 1). Den Backofen auf 180° (Umluft 160°) vorheizen. Die Form einfetten und mit Mehl ausstreuen.

2 Butter und Zucker mit den Quirlen des Handrührgeräts schaumig schlagen, bis die Masse weißcremig ist. Die Eier nach und nach sowie die Geschmackszutaten unterrühren (Bild 2). Das Mehl mit dem Backpulver mischen, hineinsieben und mit der Milch unterrühren. Der Teig soll schwer reißend vom Löffel fallen.

3 Sofort in die vorbereitete Form geben und im Backofen 25–30 Min. (Mitte, Umluft 160°, 20–25 Min.) backen (Bild 3).

LUFTIG-LOCKER-LEICHT-TIPP

Um den Teig noch lockerer zu machen, können die Eier getrennt werden. Die Eigelbe werden (wie im Grundrezept die ganzen Eier) unter die Butter-Zucker-Creme gerührt. Die Eiweiße werden mit einer Prise Salz steif geschlagen und zum Schluss locker unter die Masse gehoben.

VARIANTEN

Das Grundrezept können Sie mit verschiedensten Geschmackszutaten immer wieder abwandeln. Würzen Sie mit Zitronen- oder Orangenschale, Zimt, Ingwer oder Koriander. Kakaopulver, Schokolade, Honig, Rum, Saft, Likör, Trockenfrüchte oder Mohn geben dem Kuchen ebenfalls Geschmack und eine interessante Farbe. Einen Teil des Mehls können Sie durch gemahlene Nüsse, Kokosraspel oder Grieß ersetzen.

Formvollendet Kuchen backen

Formen aus beschichtetem Schwarzblech leiten die Hitze gleichmäßig. Formen aus Silikon muss man nicht einfetten. Sie haben eine Temperaturbeständigkeit von –60° bis 260°.

Springform und Tarteform

Kastenform und Muffinsblech

Springform und Tarteform Springformen haben einen glatten Boden und einen geraden, abnehmbaren Rand. Dadurch lassen sich Kuchen leicht aus der Form lösen, das ist vor allem bei Obstkuchen von großem Vorteil. Tarteformen mit ihrem gewellten flachen Rand bieten sich für Kuchen aus Mürbe-, Rühr- oder Quark-Öl-Teig an. Großer Vorteil: Die Tarte kann in der Form serviert werden.

Kastenform und Muffinsform Die gängigste Größe bei der Kastenform ist 30 cm lang. Ein normales Muffinsblech hat 12 Vertiefungen, die entweder gefettet werden oder aber zeitsparend mit Papierförmchen belegt werden.

Gugelhupf- und Kranzform Beide Formen haben in der Mitte einen Kamin, wodurch die Kuchen schön gleichmäßig aufgehen und durchbacken. Kranzformen sind ideal für Rührkuchen, die nach dem Backen gestürzt werden.

Gugelhupf- und Kranzform

Kuchen für jeden Tag

Sie lieben Gäste und spontane Einladungen? Dann kommen diese Kuchen gerade recht. Sie haben das gewisse Etwas, sind schnell gebacken und schmecken saftig, fruchtig, frisch! Dieser Schokoladenkuchen mit Cranberries und Mascarpone ist absolut anfängertauglich.

Schokoladenkuchen

150 g Bitterschokolade (70% Kakaomasse)
100 g Butter | 3 Eier
½ Becher Zucker
2 Päckchen Vanillezucker
3 EL Mascarpone
2–3 EL Cognac
2 Becher gemahlene Mandeln
½ Becher Mehl, Type 405
1 Becher getrocknete Cranberries
1 Prise Salz
Fett und gemahlene Mandeln für die Form
Puderzucker zum Bestäuben

Für 1 Springform von 24 cm Ø (12 Stück)
25 Min. Zubereitung | 35 Min. Backen
Pro Stück ca. 365 kcal, 7 g EW, 24 g F, 30 g KH

1 Die Schokolade zerbröckeln und im heißen Wasserbad schmelzen. Die Butter zufügen. Den Backofen auf 190° vorheizen. Die Form einfetten und mit Mandeln ausstreuen.

2 Die Eier trennen. Zucker, Vanillezucker und Eigelbe schaumig rühren. Mascarpone, Cognac und Schokoladenmasse dazugeben. Mandeln, Mehl und Cranberries mischen und zufügen. Die Eiweiße mit Salz steif schlagen und locker unterziehen. Den Teig in die Form füllen. Im Backofen (Mitte, Umluft 170°) 30–35 Min. backen. Der Kuchen sollte in der Mitte noch etwas weich sein. Den Kuchen etwas abkühlen lassen, aus der Form lösen und ganz abgekühlt mit Puderzucker bestäuben.

Klassiker in neuem Gewand

Johannisbeerkuchen mit Mohn

Ein Kuchen, der den Gaumen kitzelt. Mit säuerlichen Beeren und Crème fraîche backen Sie im Sommer oder Winter einen fruchtigen Genuss!

Für den Teig
4 EL Quark (20 oder 40 % Fett i. Tr.)
1 Ei
3½ EL Öl
½ Becher Zucker
1 Päckchen Vanillezucker
1 Prise Salz
1½ Becher Mehl, Type 405
2 TL Backpulver
½ Becher gemahlener Mohn
Fett und Mehl für die Form

Für den Belag
2 Becher Rote Johannisbeeren (ca. 250 g, frisch oder TK)
1 Becher Crème fraîche
2½ EL Zucker
1 Päckchen Vanillezucker
1–2 Msp. Zimtpulver
3 TL Speisestärke
2 Eier

Für 1 Tarte- oder Springform von 26 cm Ø (12 Stück)
20 Min. Zubereitung | 35 Min. Backen
Pro Stück ca. 230 kcal, 6 g EW, 14 g F, 19 g KH

1 Backofen auf 180° vorheizen. Die Form einfetten und mit Mehl ausstreuen. Quark, Ei, Öl, Zucker, Vanillezucker und Salz verrühren. Das Mehl mit dem Backpulver mischen und mit dem Mohn kurz unterkneten. Den Teig mit feuchten Händen in die Form drücken und einen kleinen Rand hochziehen.

2 Frische Johannisbeeren abbrausen, trocken tupfen und von den Stielen streifen. TK-Ware unaufgetaut verwenden. Crème fraîche, Zucker, Vanillezucker, Zimtpulver, Speisestärke und Eier verrühren. Die Johannisbeeren unterziehen. Die Masse auf den Teig gießen und im Backofen (Mitte, Umluft 160°) 30–35 Min. backen. Den Kuchen herausnehmen und abgekühlt aus der Form lösen.

GUT ZU WISSEN

Quark-Öl-Teig sollte nicht zu lange geknetet werden, weil er sonst klebrig wird. Je nach Beschaffenheit des Quarks kann die Menge des Mehls etwas variieren.

VARIANTEN

Statt Johannisbeeren schmecken auch **gemischte Beerenfrüchte** prima. Anstelle der Speisestärke können Sie auch 1½ EL gemahlene Mandeln unter Crème fraîche und Eier mischen.

FRISCHHALTE-TIPP

Gemahlenen Mohn in einem verschließbaren Glas im Kühlschrank aufbewahren und innerhalb von 1–2 Wochen aufbrauchen. Er eignet sich hervorragend auch für Süßspeisen, z. B. Waffeln.

ganz einfach

Bananen-Kokos-Kuchen

2 reife Bananen
150 g weiche Butter
¾ Becher Zucker
2 Päckchen Vanillezucker
3 Eier
¾ Becher Kokosmilch
2 Becher Mehl, Type 405
3 TL Backpulver
1½ Becher Kokosraspel
150 g weiße Kuvertüre
3–4 EL Kokoschips (oder Kokosraspel)
Fett und Mehl für die Form

Für 1 Kastenform von 30 cm Länge (18 Stück)
25 Min. Zubereitung | 55 Min. Backen
Pro Stück ca. 250 kcal, 5 g EW, 17 g F, 21 g KH

1 Die Form einfetten und mit Mehl ausstreuen. Den Backofen auf 180° vorheizen. Die Bananen mit einer Gabel zerdrücken. Butter, Zucker und Vanillezucker schaumig rühren. Die Eier nacheinander gründlich unterrühren, das Bananenmus und die Kokosmilch zufügen. Mehl und Backpulver mischen und unterrühren. Die Kokosraspel unterheben.

2 Den Teig in die Form geben und glatt streichen. Im Backofen (Mitte, Umluft 160°) ca. 55 Min. backen. Die Kuvertüre zerbröckeln und im heißen Wasserbad schmelzen. Den Kuchen kurz abkühlen lassen, aus der Form lösen, mit der Kuvertüre bestreichen und mit Kokoschips oder -raspeln bestreuen. Vor dem Servieren ganz abkühlen lassen.

erfrischend | gut vorzubereiten

Orangenkuchen

3 Bio-Orangen | 3 Eier
125 g weiche Butter | ¾ Becher Zucker
2 Päckchen Vanillezucker
100 g gemahlene Mandeln
3 EL Orangenlikör (z. B. Grand Marnier)
1 Prise Salz
2 Becher Mehl, Type 405
2½ TL Backpulver
Puderzucker zum Bestäuben
Fett und Mehl für die Form

Für 1 Kastenform von 30 cm Länge (18 Stück)
25 Min. Zubereitung | 55 Min. Backen
Pro Stück ca. 200 kcal, 4 g EW, 10 g F, 22 g KH

1 Die Orangen heiß waschen, abtrocknen, die Schale fein abreiben und den Saft auspressen. Den Backofen auf 170° vorheizen. Die Kastenform fetten und mit Mehl ausstreuen. Die Eier trennen. Butter mit Zucker schaumig rühren. Eigelbe, Vanillezucker, Mandeln, 2 TL Orangenschale, 8 EL Orangensaft und den Orangenlikör zufügen.

2 Die Eiweiße mit Salz steif schlagen, auf die Eigelbcreme geben, Mehl und Backpulver mischen, dazusieben und alles locker miteinander vermengen. Den Teig in die Form füllen und im Backofen (Mitte, Umluft 150°) ca. 55 Min. backen.

3 Den Kuchen etwas auskühlen lassen und stürzen. Warm mit einem Holzstäbchen an der Oberseite mehrmals einstechen und mit einem ¾ Becher Orangensaft beträufeln. Der Saft sollte gut einziehen. Servieren Sie den Orangenkuchen abgekühlt mit Puderzucker.

vorne: Bananen-Kokos-Kuchen | hinten: Orangenkuchen

für die Adventszeit

Schokoladen-Ingwer-Kuchen

Hier kommen Schokoladenfans auf ihre Kosten. Der Kuchen ist eine echte Alternative zu Stollen und Plätzchen – und mit Ingwer ein richtiger Geheimtipp.

300 g Bitterschokolade (70 % Kakaomasse)
3 EL in Sirup eingelegter Ingwer (Asienladen)
110 g weiche Butter
¾ Becher Zucker
3 Eier
¾ Becher Mehl, Type 405
2½ TL Backpulver
1 Päckchen Vanillezucker
150 g Zartbitterkuvertüre | 1 TL Öl
18 kleine Stücke kandierter Ingwer
Fett und Mehl für die Form

Für 1 Kastenform von 30 cm Länge (18 Stück)
25 Min. Zubereitung | 60 Min. Backen
Pro Stück ca. 260 kcal, 3 g EW, 14 g F, 26 g KH

1 Die Schokolade zerbröckeln und im Wasserbad bei kleiner Hitze langsam schmelzen lassen. Den Ingwer klein hacken. Den Backofen auf 190° vorheizen. Die Kastenform einfetten und sorgfältig mit Mehl ausstreuen.

2 Weiche Butter und Zucker schaumig rühren. Die Eier nach und nach zufügen, zuletzt die geschmolzene Schokolade. Das Mehl mit dem Backpulver mischen und mit Vanillezucker, Ingwer sowie 2–3 EL Ingwersirup unterrühren. Den Teig in die Form füllen und im Backofen (Mitte, Umluft 170°) 55–60 Min. backen. Etwas auskühlen lassen und stürzen.

3 Die Kuvertüre grob hacken und mit dem Öl im Wasserbad schmelzen. Den abgekühlten Kuchen damit gleichmäßig überziehen und mit den kandierten Ingwerstückchen verzieren.

UND DAZU?

Genießen Sie diesen leckeren Kuchen mit fertig gekauftem **Vanilleeis** oder einer selbst gemachten **Vanillesauce.** Für 6 Portionen eine Vanilleschote auskratzen, 3 Becher Milch mit der Vanilleschote, dem Vanillemark und ½ Becher Zucker erhitzen. 2½ EL Speisestärke mit ½ Becher kalter Milch anrühren. Die Vanilleschote aus der Milch nehmen und die angerührte Speisestärke hineinrühren, kurz aufkochen lassen und vom Herd nehmen. Warm oder kalt dazuservieren.

GUT ZU WISSEN

Der beste Ingwer mit Zitronengeschmack kommt aus Jamaika und Indien, der schärfste aus Afrika. Die Wirkstoffe des Ingwers regen die Galle an, helfen bei der Fettverdauung und wirken blutverdünnend. Frische Stücke halten sich, im Plastikbeutel verpackt, mehrere Wochen im Kühlschrank. In Sirup eingelegter Ingwer ist nicht nur als Gewürz für Kuchen beliebt, sondern findet auch in exotischen Obstsalaten und anderen asiatischen Gerichten Verwendung. In kandierter Form kann man damit edle Verzierungen herstellen. Ingwer ist in rohem Zustand brennend scharf, deshalb sollten Sie vorsichtig mit der Dosierung sein. Beim Einkauf darauf achten, dass die Wurzel prall und fest ist.

gelingt leicht

Teekuchen

1 ½ Becher gemischte Trockenfrüchte
½ Becher frisch gebrühter grüner Tee
3 EL Rum | 100 g weiche Butter
½ Becher Zucker
1 Päckchen Vanillezucker | 3 Eier
1 TL abgeriebene Bio-Orangenschale
1 Prise Salz
2 Becher Mehl, Type 405
2 TL Backpulver
1 Becher Mandelblättchen
Fett und Mehl für die Form

Für 1 Kastenform von 30 cm Länge (18 Stück)
25 Min. Zubereitung | 50 Min. Backen
Pro Stück ca. 175 kcal, 4 g EW, 8 g F, 22 g KH

1 Die Früchte klein schneiden, in eine Schüssel geben und mit Tee und Rum übergießen. Den Backofen auf 180° vorheizen. Die Form einfetten und mit Mehl ausstreuen.

2 Butter mit Zucker und Vanillezucker schaumig rühren. Ein Ei nach dem anderen gründlich unterrühren. Orangenschale, Salz und Trockenfrüchte samt Flüssigkeit untermischen. Mehl und Backpulver mischen, dazusieben und zuletzt die Mandelblättchen dazugeben und alles locker vermischen.

3 Den Teig in die Form füllen und glatt streichen. Im Backofen (Mitte, Umluft 160°) 45–50 Min. backen. Den Kuchen aus dem Backofen nehmen, 10 Min. abkühlen lassen, dann aus der Form lösen und ganz auskühlen lassen.

für Süßschnäbel

Nuss-Nugat-Kuchen

250 g Haselnuss-Nugat
125 g weiche Butter
¾ Becher Rohrzucker | 3 Eier
½ Becher Quark (40 % Fett i. Tr.)
1 ½ Becher Vollkorn-Weizenmehl
3 TL Backpulver
¾ Becher blütenzarte Haferflocken
¾ Becher Rosinen
1 EL Mehl, Type 405 oder Vollkorn-Weizenmehl
100 g Vollmilchkuvertüre
12 ganze Haselnusskerne
Fett und Mehl für die Form

Für 1 Kastenform von 30 cm Länge (18 Stück)
25 Min. Zubereitung | 60 Min. Backen
Pro Stück ca. 250 kcal, 6 g EW, 8 g F, 39 g KH

1 Den Backofen auf 180° vorheizen. Die Kastenform einfetten und mit Mehl ausstreuen. 150 g Haselnuss-Nugat mit Butter und Rohrzucker verrühren. Die Eier nacheinander, zuletzt den Quark zufügen.

2 Vollkornmehl mit Backpulver mischen und mit den Haferflocken unterrühren. Restlichen Nugat klein schneiden, mit den in Mehl gewälzten Rosinen unterziehen. Den Teig in die Form füllen und im Backofen (Mitte, Umluft 160°) 30 Min. backen. Die Temperatur auf 170°(Umluft 155°) zurückschalten und weitere 25–30 Min. backen. Den Kuchen etwas ausgekühlt aus der Form lösen.

3 Kuvertüre grob hacken und im Wasserbad schmelzen lassen. Abgekühlten Kuchen damit überziehen. Mit den Haselnusskernen garnieren.

oben: Nuss-Nugat-Kuchen | unten: Teekuchen

herbstlich

Traubentarte

Für den Teig
125 g kalte Butter
½ Becher Rohrzucker
1 Ei | 1 Eigelb | 1 Prise Salz
1 Becher gemahlene Mandeln
1 Becher Mehl, Type 405
Fett und gemahlene Mandeln für die Form

Für den Belag
3 Becher kernlose grüne und blaue Trauben (ca. 500 g)
2 EL gemahlene Mandeln
1 Päckchen klarer Tortenguss
1½ Becher weißer Traubensaft
1–2 EL Zucker

Für 1 Tarte- oder Springform von 26 cm Ø (12 Stück)
55 Min. Zubereitung | 35 Min. Backen
Pro Stück ca. 270 kcal, 4 g EW, 15 g F, 30 g KH

1 Kalte Butter, Rohrzucker, Ei, Eigelb, Salz, Mandeln und Mehl rasch verkneten und 45 Min. kalt stellen. Die Form fetten und mit Mandeln ausstreuen. Die Trauben waschen, trocken tupfen und von den Stielen zupfen. Den Teig zwischen Klarsichtfolie ausrollen, in die Form geben und einen kleinen Rand formen.

2 Den Backofen auf 180° vorheizen. Die Mandeln auf den Boden streuen. Die Trauben kreisförmig auf dem Teig anordnen, den Kuchen im Backofen (Mitte, Umluft 160°) ca. 35 Min. backen. Den Tortenguss gemäß Packungsanleitung mit Traubensaft und Zucker zubereiten und über die Trauben geben. Abgekühlt servieren.

orientalisch

Kiwi-Granatapfel-Tarte

Für den Teig
3 EL Magerquark
½ Becher Rohrzucker
1 Päckchen Vanillezucker
1 Ei | 3 EL Öl
1 Msp. Salz
2 Msp. gemahlener Sternanis
½ Becher Kokosraspel
1 Becher Mehl, Type 405
1½ TL Backpulver

Für den Belag
4–5 Kiwis | 1 Granatapfel
2 EL Aprikosenmarmelade
1 Päckchen klarer Tortenguss

Für 1 Springform 26 cm Ø (12 Stück)
20 Min. Zubereitung | 25 Min. Backen
Pro Stück ca. 160 kcal, 3 g EW, 6 g F, 24 g KH

1 Den Backofen auf 180° vorheizen. Den Boden der Form mit Backpapier auslegen. Quark, Rohrzucker, Vanillezucker, Ei, Öl, Salz und Sternanis verrühren. Kokosraspel, Mehl und Backpulver vermischen und unterrühren. Den Teig in die Form streichen und im Backofen (Mitte, Umluft 160°) 20–25 Min. backen. Den Boden 15 Min. auskühlen lassen, das Papier abziehen und auf eine Tortenplatte legen.

2 Inzwischen die Kiwis schälen und in Scheiben schneiden. Den Granatapfel aufschneiden und die Kerne auslösen. Die Aprikosenmarmelade auf den Boden streichen, Kiwis und Granatapfelkerne darauf verteilen. Den Tortenguss nach Herstellerangabe zubereiten und die Früchte damit überziehen.

oben: Traubentarte | unten: Kiwi-Granatapfel-Tarte

gelingt leicht

Marzipan-Orangen-Kranz

125 g Marzipanrohmasse | 125 g weiche Butter
½ Becher Zucker | 4 Eier
1 Päckchen Vanillezucker
1 TL abgeriebene Bio-Orangenschale
1 Becher Orangensaft
1 Becher Mehl, Type 405
1 Becher Vollkornweizenmehl
2 TL Backpulver | ¾ Becher Orangeat
1 Becher Mandelblättchen
½ Becher Schokoladenraspel
Fett und Mehl für die Form

Für 1 Kranzform von 2 l Inhalt (16 Stück)
20 Min. Zubereitung | 50 Min. Backen
Pro Stück ca. 255 kcal, 5 g EW, 14 g F, 28 g KH

1 Den Backofen auf 180° vorheizen. Die Kranzform einfetten und mit Mehl ausstreuen. Die Marzipanrohmasse fein raspeln, Butter und Zucker schaumig rühren. Die Eier nach und nach zufügen, dann Vanillezucker, Orangenschale, Marzipan und zuletzt den Orangensaft unterrühren.

2 Beide Mehlsorten mit dem Backpulver mischen und kurz unterrühren. Orangeat, Mandeln und Schokoladenraspel unterziehen. Den Teig in die Form füllen und im Backofen (Mitte, Umluft 160°) 45–50 Min. backen. Den Kuchen etwas auskühlen lassen und stürzen.

FESTTAGS-VARIANTE

Einen Becher Puderzucker mit 3 EL Orangensaft und 1 EL Orangenlikör glatt rühren. Den Kranz damit glasieren und mit halbierten Orangenscheiben verzieren. Der Kuchen kann auch in 2 Kastenformen von 20 cm Länge gebacken werden.

Klassiker in neuem Gewand

Maronen-Gugelhupf

1 Packung gekochte Maronen (200 g)
3 Eier
150 g weiche Butter
½ Becher Mascarpone
½ Becher Rohrzucker
2 Päckchen Vanillezucker
1 Becher Mandel-Nugat-Creme
¾ Becher Milch
2½ Becher Mehl
2½ TL Backpulver
1 Prise Salz
Fett und Mehl für die Form
Puderzucker zum Bestäuben

Für 1 Gugelhupfform von 2 l Inhalt (16 Stück)
30 Min. Zubereitung | 60 Min. Backen
Pro Stück ca. 325 kcal, 6 g EW, 17 g F, 37 g KH

1 Den Backofen auf 180° vorheizen. Die Form einfetten und mit Mehl ausstreuen. Die Maronen pürieren. Die Eier trennen.

2 Die Butter mit Mascarpone, Rohrzucker und Vanillezucker schaumig rühren. Eigelbe, Mandel-Nugat-Creme und pürierte Maronen zugeben. Die Milch zufügen und verrühren. Mehl und Backpulver mischen und kurz unterrühren. Die Eiweiße mit Salz steif schlagen und locker unter die Maronen-Masse ziehen.

3 Den Teig in die Form geben und im Backofen (Unten, Umluft 160°) 55–60 Min. backen. 30 Min. in der Form abkühlen lassen, stürzen und auf einem Kuchengitter vollständig auskühlen lassen. Mit Puderzucker bestäuben.

oben: Maronen-Gugelhupf | unten: Marzipan-Orangen-Kranz

karibisch inspiriert

Ananaskuchen

1 Dose Ananas in Ringen (Abtropfgewicht 490 g)
125 g weiche Butter | ¾ Becher Zucker
4 Eier | ¾ Becher Eierlikör
1 Päckchen Vanillezucker | 1 Prise Salz
2 TL abgeriebene Bio-Zitronenschale
2 Becher Mehl, Type 405
1 ¼ Becher Maismehl | 3 TL Backpulver
1 ½ Becher Puderzucker
1 EL Rum (nach Belieben)
16 kandierte Ananasstücke
Fett und Mehl für die Form

Für 1 Kranzform von 2 l Inhalt (16 Stück)
25 Min. Zubereitung | 50 Min. Backen
Pro Stück ca. 330 kcal, 5 g EW, 9 g F, 51 g KH

1 Die Ananasringe über einem Sieb abtropfen lassen (den Saft auffangen) und in 1 cm große Stücke schneiden. Den Backofen auf 190° vorheizen. Die Form einfetten und mit Mehl ausstreuen. Butter und Zucker schaumig schlagen. Die Eier nacheinander unterrühren und den Eierlikör zufügen. Vanillezucker, Salz und Zitronenschale zufügen. Mehl, Maismehl und Backpulver vermischen und unterrühren. Zum Schluss die Ananasstücke unterziehen.

2 Den Teig in die Form füllen und im Backofen (Mitte, Umluft 170°) ca. 50 Min. backen. In der Form etwas abkühlen lassen und auf ein Kuchengitter stürzen. Puderzucker mit 2 EL Ananassaft (nach Belieben mit Rum) glatt rühren, den Kranz damit überziehen und mit kandierten Ananasstücken verzieren.

urgesund

Kürbis-Nuss-Kuchen

3 Becher klein gewürfeltes, geputztes Kürbisfleisch (ca. 500 g ungeputzt, z. B. Hokkaido)
1 Becher Milch | 1 Prise Salz
1 Prise geriebene Muskatnuss
50 g weiche Butter | ½ Becher Rohrzucker
1 Päckchen Vanillezucker | 2 Eier
1 Becher Vollkornmehl
1 Becher Mehl, Type 405
2 TL Backpulver
1 Becher gemahlene Haselnüsse
2–3 EL Orangenmarmelade
3 EL Haselnusskrokant
Fett und Mehl für die Form

Für 1 Springform von 26 cm Ø (12 Stück)
35 Min. Zubereitung | 45 Min. Backen
Pro Stück ca. 245 kcal, 6 g EW, 11 g F, 32 g KH

1 Das Kürbisfleisch mit der Milch in einen Topf geben und bei kleiner Hitze zugedeckt etwa 15 Min. kochen. Mit Salz und Muskatnuss würzen, vom Herd nehmen und pürieren oder mit einer Gabel fein zerdrücken. Den Backofen auf 180° vorheizen. Die Springform einfetten und mit Mehl ausstreuen.

2 Butter, Rohrzucker und Vanillezucker schaumig rühren. Die Eier nacheinander und das Kürbispüree unterrühren. Beide Mehlsorten mit dem Backpulver mischen und mit den Haselnüssen unterheben. Den Teig in die Form füllen und im Backofen (Mitte, Umluft 160°) 40–45 Min. backen. Leicht abkühlen lassen und aus der Form lösen. Die Orangenmarmelade erwärmen, durch ein Sieb streichen und den Kuchen damit glasieren. Mit Haselnusskrokant bestreuen.

oben: Ananaskuchen | unten: Kürbis-Nuss-Kuchen

Blechkuchen

Kuchen vom Blech sind einfach ideal, wenn viele Leute am Tisch sitzen. Diesen Obstkuchen mit Quark backe ich im Frühling mit Rhabarber, im Sommer mit Aprikosen, Johannisbeeren oder Kirschen und im Herbst mit Äpfeln oder Birnen.

Obstkuchen nach Thüringer Art

Für den Teig

250 g weiche Butter | 1 Becher Zucker | 3 Eier | 2 Becher Mehl, Type 405 | 3 TL Backpulver | Fett für das Blech

Für den Belag

1 kg Früchte (frisch, TK oder Konservenobst) | 2 Becher Magerquark | 1 TL abgeriebene Bio-Zitronenschale | 3/4 Becher Zucker | 3 EL gemahlene Mandeln | 1 1/2 EL Speisestärke | 2 Eier

Für 1 tiefes Backblech (20 Stück)
30 Min. Zubereitung | 45 Min. Backen
Pro Stück ca. 280 kcal, 7 g EW, 13 g F, 34 g KH

1 Das Blech einfetten. Butter und Zucker schaumig schlagen und die Eier nacheinander zugeben. Mehl und Backpulver mischen und kurz verrühren. Teig auf das Backblech streichen.

2 Den Backofen auf 190° vorheizen. Die Früchte waschen bzw. schälen, putzen und klein schneiden. Konservenfrüchte abgetropft, TK-Ware unaufgetaut verwenden. Quark mit Zitronenschale, Zucker, Mandeln, Stärke und Eiern cremig schlagen und auf dem Teig verteilen. Die Früchte daraufgeben und im Ofen (Mitte, Umluft 170°) in 40–45 Min. backen.

GENIESSER-VARIANTE

Dafür 2 Eier trennen, die Eigelbe mit 1 Becher Sahne, 3 TL Speisestärke, 1 1/2 EL Zucker und 2 Päckchen Vanillezucker schaumig schlagen. Die Eiweiße steif schlagen, unterziehen, die Masse auf den Früchten verteilen und backen wie oben.

schmeckt nach Sommer

Erdbeerschnitten

Mit frischen Erdbeeren aus der Region wird dieser raffinierte Erdbeerkuchen besonders aromatisch. Der zarte Biskuit mit reichlich Vanille bildet dabei die ideale Unterlage.

Für den Teig
60 g Butter
6 Eier | 1 Eigelb
1 Becher Zucker
2 Päckchen Vanillezucker
1 ½ Becher Mehl, Type 405
⅓ Becher Speisestärke
Für den Belag
8 Becher Erdbeeren (800–1000 g)
4 EL geriebene Löffelbiskuits
⅓ Becher Rotes Johannisbeergelee
3 EL Orangenlikör (z. B. Grand Marnier; ersatzweise Orangensaft)
1 EL Zucker
1 ½ Päckchen klarer Tortenguss

Für 1 Backblech (20 Stück)
35–40 Min. Zubereitung | 30 Min. Backen
Pro Stück ca. 175 kcal, 4 g EW, 5 g F, 27 g KH

1 Den Backofen auf 190° vorheizen. Backpapier auf das Blech legen. Für den Biskuit die Butter zerlassen. Eier, Eigelb, Zucker und Vanillezucker in einer großen Stahlschüssel im siedenden Wasserbad mit den Quirlen des Handrührgeräts aufschlagen (Bild 1). Die Masse darf nur warm werden. Die Schüssel auf Eiswasser setzen und die Creme wieder kalt schlagen.

2 Mehl und Speisestärke mischen, sieben und nach und nach unterheben. Die flüssige Butter langsam zugießen und unterziehen (Bild 2). Die Masse auf das Blech füllen und im Backofen (Mitte, Umluft 170°) 30 Min backen. Den Biskuit abkühlen lassen und das Backpapier entfernen.

3 Inzwischen die Erdbeeren abspülen, trocken tupfen, die Kelchblätter entfernen und halbieren. Die geriebenen Löffelbiskuits auf dem Teigboden verteilen und die Erdbeeren darauf anordnen.

4 Johannisbeergelee und Orangenlikör mit Wasser auf knapp 2 Becher auffüllen und mit dem Zucker den Tortenguss nach Vorschrift des Herstellers zubereiten und auf den Erdbeeren verteilen.

UND DAZU?
Servieren Sie den Kuchen mit **Schmandsahne:** Für 8 Portionen 1 Becher Sahne mit 1 Päckchen Vanillezucker steif schlagen und 1 Becher Schmand unterrühren.

GUT ZU WISSEN
Die Biskuitmasse, die auch unter dem Namen **»Wiener Masse«** bekannt ist, verdoppelt ihr Volumen, wenn sie im Wasserbad und auf Eiswasser geschlagen wird.

VARIANTE: ERDBEERHERZEN
Aus der Biskuitplatte Herzen ausstechen, wie beschrieben mit Erdbeeren belegen und mit steif geschlagener Sahne garnieren. Die Ränder entweder mit Mandelblättchen oder gehackten Pistazienkernen bestreuen.

1

2

3

Spezialität aus Griechenland

Walnusskuchen

Für den Teig
5 Eier | 125 g weiche Butter
1 Becher Zucker | 1 Vanillestange
1 TL Zimtpulver
1 ½ Becher gemahlene Walnüsse
1 ½ Becher Mehl, Type 405
1 TL Backpulver | 1 Prise Salz
Für den Guss
1 große Bio-Zitrone | 1 Tasse Zucker
½ Becher Weinbrand | ½ Becher Hagelzucker

Für 1 Backblech (20 Stück)
25 Min. Zubereitung | 30 Min. Backen
Pro Stück ca. 240 kcal, 5 g EW, 6 g F, 38 g KH

1 Den Backofen auf 180° vorheizen. Das Backpapier größer als das Blech zuschneiden und so auf das Blech legen, dass es rundum etwas übersteht. Die Eier trennen. Butter mit Zucker schaumig rühren und die Eigelbe nacheinander zufügen. Das Mark der Vanillestange auskratzen und mit dem Zimt zufügen. Walnüsse, Mehl und Backpulver unterrühren. Die Eiweiße mit Salz steif schlagen und locker untermischen. Den Teig mit einem großen Löffel auf das Backpapier streichen und im Backofen (Mitte, Umluft 160°) 25–30 Min. backen.

2 Für den Guss die Zitrone heiß waschen, abtrocknen, 1 TL Schale abreiben und den Saft auspressen 1 Becher Wasser mit Zucker, Zitronensaft und -schale etwa 5 Min. kochen lassen. Vom Herd nehmen und den Weinbrand zufügen. Heiß über den noch warmen Kuchen gießen. Mit Hagelzucker bestreuen und den Kuchen ganz abkühlen lassen.

mit Knusperkruste

Früchte-Nuss-Kuchen

Für den Teig
100 g weiche Butter
1 Becher Zucker | 3 Eier
1 Becher Mehl, Type 405
1 Becher Vollkornmehl
2 TL Backpulver | ½ Becher Milch
Fett für das Blech
Für den Belag
2 Becher Walnusskerne
1 Becher Sahne
100 g weiche Butter
1 Becher Zucker
¾ Becher Zitronat | ¾ Becher Orangeat
2 Päckchen Vanillezucker
½ TL Zimtpulver

Für 1 Backblech (20 Stück)
25 Min. Zubereitung | 35 Min. Backen
Pro Stück ca. 355 kcal, 5 g EW, 20 g F, 39 g KH

1 Den Backofen auf 180° vorheizen. Das Backblech fetten. Für den Teig Butter und Zucker schaumig rühren. Die Eier nach und nach zufügen. Beide Mehlsorten mit dem Backpulver mischen und mit der Milch unterrühren. Den Teig auf das Blech streichen. Im Backofen (Mitte, Umluft 160°) 20 Min. vorbacken.

2 Inzwischen die Walnusskerne hacken. Sahne, Butter und Zucker in einem kleinen Topf erhitzen. Zitronat, Orangeat, Walnüsse, Vanillezucker und Zimt zufügen, bei kleiner Hitze etwas einkochen lassen und vom Herd nehmen. Den Belag auf den vorgebackenen Teigboden streichen und weitere ca. 15 Min. backen.

links: Früchte-Nuss-Kuchen | rechts: Walnusskuchen

für Gourmets

Apfelkuchen mit Karamellcreme

Die reinste Versuchung: Ein lockerer Teig mit köstlicher Karamellcreme, die sich durch einen Schuss Calvados aufs Feinste mit dem frischen Aroma der Äpfel verbindet.

Für den Belag
1 Bio-Zitrone
7 mittelgroße Äpfel
1 1/4 Becher Zucker
125 g Butter
1/3 Becher Calvados
1 1/4 Becher Sahne
3 Eier
2 Eigelbe

Für den Teig
140 g weiche Butter
1 1/2 Becher Zucker
2 Päckchen Vanillezucker
4 Eier
2 Becher Mehl, Type 405
1 1/4 Becher Speisestärke
2 TL Backpulver
3 EL Milch
3 Eiweiße
1 Prise Salz
Fett für das Blech

Für 1 Backblech (20 Stück)
1 Std. Zubereitung | 35 Min. Backen
Pro Stück ca. 340 kcal, 7 g EW, 7 g F, 59 g KH

1 Die Zitrone heiß abwaschen, abtrocknen, die Schale abreiben und den Saft auspressen. Die Äpfel schälen, vierteln und das Kerngehäuse entfernen. Die Äpfel in Scheiben schneiden und sorgfältig mit der Hälfte des Zitronensaftes vermischen.

2 Den Zucker in einem Topf schmelzen und goldgelb karamellisieren lassen. Butter und restlichen Zitronensaft zufügen und geschmeidig rühren. Mit Calvados ablöschen, die Apfelspalten hinein geben und 3 Min. darin dünsten. Die Äpfel mit einem Schaumlöffel wieder herausnehmen und dann beiseite stellen.

3 Sahne, Eier und Eigelbe verrühren und zum restlichen Karamellsirup geben. In einem kleinen Topf bei mittlerer Hitze so lange schlagen, bis die Creme dicklich wird und auf einem Löffelrücken in Form einer Rose stehen bleibt, wenn man sie anbläst. Das nennt man »zur Rose« abziehen. Aber Vorsicht! Die Creme darf nicht aufkochen, sonst gerinnen die Eier.

4 Den Backofen auf 180° vorheizen. Das Backblech fetten. Für den Teig Butter mit Zucker, Vanillezucker und Zitronenschale schaumig rühren. Die ganzen Eier nach und nach unterrühren. Mehl, Speisestärke und Backpulver mischen, mit der Milch unterrühren. Die Eiweiße mit Salz steif schlagen und unter die Masse ziehen.

5 Den Teig mit einer Palette auf das Blech streichen. Die Apfelscheiben dachziegelartig auf dem Teig anordnen und die Karamellcreme darübergeben. Den Kuchen im Backofen (Mitte, Umluft 160°) in 30–35 Min. goldgelb backen.

fruchtig-exotisch

Kumquatschnitten

Mit diesen exotischen Früchten kann man jeden verführen. Deshalb wird gleich ein ganzes Blech gebacken. Koriander ergänzt den herb-süßen Zitrusgeschmack vortrefflich.

Für den Teig: 4 Eier | ½ Becher Zucker | 1–2 Msp. Korianderpulver | ½ Becher Sonnenblumenöl | 2 TL abgeriebene Bio-Orangenschale | ½ Becher frisch gepresster Orangensaft | 2 Becher gemahlene Haselnüsse | 2 Becher Mehl, Type 550 | 3 TL Backpulver | Fett für das Blech
Für den Belag: 1 Becher Zucker | 18 mittelgroße Kumquats (ca. 200 g) | 1 Zimtstange | ¾ Becher Puderzucker | 1 Päckchen klarer Tortenguss | 2 EL frisch gepresster Zitronensaft

Für 1 Backblech (20 Stück)
40 Min. Zubereitung | 20 Min. Backen
Pro Stück ca. 245 kcal, 4 g EW, 11 g F, 33 g KH

1 Den Backofen auf 180° vorheizen. Das Backblech einfetten. Die Eier mit Zucker schaumig rühren. Koriander, Öl, Orangenschale und -saft (2 EL aufbewahren) sowie gemahlene Haselnüsse zufügen. Mehl mit Backpulver mischen und unterrühren. Den Teig auf das Blech streichen und (Mitte, Umluft 160°) 15–20 Min. backen.

2 Inzwischen Zucker mit 1 Becher Wasser 5 Min. einkochen. Die Kumquats heiß waschen, trocken tupfen, in 2–3 mm dünne Scheiben schneiden, mit der Zimtstange im Sirup 3 Min. köcheln. Puderzucker mit restlichem Orangensaft verrühren und den warmen Kuchen damit bestreichen.

3 Die Kumquatscheiben aus dem Sirup nehmen, abtropfen lassen und auf dem Boden anordnen. Den Tortenguss mit restlichem Sirup (ohne Zimtstange), Zitronensaft und Wasser auf ¼ l auffüllen, nach Packungsangabe zubereiten und damit den Kuchen überziehen.

sommerlich

Kirschkuchen

Für den Teig: 1 Becher Magerquark | 3 Eier | 6 EL Öl (z. B. Sonnenblumenöl) | 1 Becher Rohrzucker | 1 Prise Salz | 2½ Becher Mehl, Type 550 | 2½ TL Backpulver | Fett für das Blech
Für den Belag: 7 Becher Sauerkirschen (ca. 700 g, frisch oder TK) | 125 g weiche Butter | 1¼ Becher Zucker | je 2 Msp. Zimt- und Korianderpulver | 1¼ Becher Mehl, Type 405

Für 1 Backblech (20 Stück)
25 Min. Zubereitung | 40 Min. Backen
Pro Stück ca. 295 kcal, 6 g EW, 10 g F, 45 g KH

1 Den Backofen auf 180° vorheizen. Das Backblech fetten. Quark, Eier, Öl, Zucker und Salz verrühren. Mehl und Backpulver mischen und zufügen. Die Kirschen waschen, trocknen und entsteinen. TK-Ware unaufgetaut verwenden. Den Teig mit einer Palette auf das Blech streichen. Die Kirschen darauf geben. Butter, Zucker, Zimt, Koriander und Mehl zu Streuseln kneten und darüber verteilen und im Ofen (Mitte, Umluft 160°) 35–40 Min. backen.

ganz einfach

Rhabarberkuchen

200 g weiche Butter | 1 Becher Rohrzucker | 5 Eier | 2 Becher Mehl, Type 405 | 3 TL Backpulver | 1 Becher gemahlene Haselnüsse | ½ Becher Zucker | 1 Becher Schmand | 1 Becher Eierlikör | 1 EL Speisestärke | 7 Becher geputzter, klein geschnittener Rhabarber (ca. 1 kg)

Für 1 Backblech (20 Stück)
35 Min. Zubereitung | 35 Min. Backen
Pro Stück ca. 250 kcal, 5 g EW, 8 g F, 34 g KH

1 Den Backofen auf 190° vorheizen. Das Backblech mit Backpapier auslegen. Butter und Rohrzucker schaumig schlagen. 2 Eier nacheinander zufügen. Mehl, Backpulver und Haselnüsse mischen und unterrühren. Den Teig auf das Blech streichen und im Ofen (Mitte, Umluft 170°) 15 Min. vorbacken.

2 Die restlichen Eier, Zucker, Schmand, Eierlikör und Stärke verrühren, den Rhabarber unterziehen und die Masse auf dem vorgebackenen Teig verteilen und 15–20 Min. fertig backen.

mediterran

Pinienkernkuchen

4 Eier
1 Bio-Zitrone
175 g weiche Butter
1 Becher Zucker
1 Päckchen Vanillezucker
½ Becher Sahne
1 Becher Vollkornmehl
1 Becher Mehl, Type 405
2 TL Backpulver
1 Prise Salz
1½–2 Becher Pinienkerne
4 EL Puderzucker

Für 1 Backblech (20 Stück)
25 Min. Zubereitung | 25 Min. Backen
Pro Stück ca. 265 kcal, 5 g EW, 16 g F, 26 g KH

1 Den Backofen auf 180° vorheizen. Das Blech mit Backpapier auslegen. Die Eier trennen. Die Zitrone heiß waschen und abtrocknen. 1 TL Zitronenschale abreiben, den Saft auspressen. Butter, Zucker und Vanillezucker schaumig rühren. Die Eigelbe zufügen, weiterrühren. Zitronenschale und Sahne zugeben. Beide Mehlsorten mit dem Backpulver mischen und unterrühren. Die Eiweiße mit Salz steif schlagen und behutsam unterheben.

2 Den Teig gleichmäßig auf dem vorbereiteten Blech verteilen und mit Pinienkernen bestreuen. Im Backofen (Mitte, Umluft 160°) 20–25 Min. backen. 4 EL Zitronensaft mit dem Puderzucker verrühren und den noch warmen Kuchen damit überziehen. Ganz abkühlen lassen und servieren.

erfrischend

Birnenkuchen

Für den Teig
3 Becher Mehl | 1 TL Backpulver
¾ Becher Rohrzucker
1 Päckchen Vanillezucker
250 g Butter | 2 Eier
Fett für das Blech
Für den Belag
5 kleine reife Birnen
1½ Becher Lemon Curd (Feinkostladen)
1½ Becher Schmand
2 Päckchen Vanillezucker
3 EL Speisestärke | 3 Eier

Für 1 tiefes Backblech (20 Stück)
35 Min. Zubereitung | 50 Min. Backen
Pro Stück ca. 310 kcal, 5 g EW, 19 g F, 31 g KH

1 Das Backblech einfetten. Mehl mit Backpulver in eine Schüssel geben. Rohrzucker, Vanillezucker, Butter in kleinen Stücken und Eier hinzugeben. Alles mit den Knethaken des Handrührgeräts oder mit den Händen zu Streuseln verarbeiten. ⅔ der Streuselmenge in das Backblech geben und leicht andrücken.

2 Den Backofen auf 175° vorheizen. Die Birnen schälen, das Kerngehäuse entfernen und würfeln. Lemon Curd, Schmand, Vanillezucker, Speisestärke und Eier verrühren. Die Birnen unterheben. Die Masse auf dem Streuselteig verteilen und mit den restlichen Streuseln bedecken. Im Backofen (Mitte, Umluft 160°) ca. 50 Min. backen.

oben: Birnenkuchen | unten: Pinienkernkuchen

Muffins und Kleingebäck

Diese Mokkatörtchen sind meine Favoriten! Schokolade, Mandeln und Kaffee gehen hier eine unwiderstehliche Liaison ein. Mit einer Glasur aus Puderzucker und Mokkalikör verwandeln Sie die schnellen Minis in Edel-Backwerke. Ob sie wirklich vollzählig zum Tisch gelangen?

Mokkatörtchen

225 g Bitterschokolade (70 % Kakaomasse)
3 EL frisch aufgebrühter Espresso
125 g Butter
3 Eier
¾ Becher Puderzucker
1½ Becher gemahlene Mandeln
3 EL Mehl, Type 405
1 Prise Salz
Fett für das Blech (oder 12 Papier-Backförmchen)
1 Becher Puderzucker
2–3 EL Mokkalikör
12 Schokoladen-Mokkabohnen

Für 1 Muffinsblech (12 Stück)
25 Min. Zubereitung | 20 Min. Backen
Pro Stück ca. 365 kcal, 5 g EW, 23 g F, 34 g KH

1 Den Backofen auf 200° vorheizen. Das Muffinsblech fetten. Die Schokolade zerkleinern und mit Espresso im heißen Wasserbad schmelzen, die Butter dazugeben. Die Eier trennen. Eigelbe mit Puderzucker schaumig schlagen und die Schokoladen-Butter-Masse zufügen. Mandeln und Mehl mischen und unterrühren. Die Eiweiße mit Salz steif schlagen und locker unterheben.

2 Teig in die Blechvertiefungen füllen. Im Backofen (Mitte, Umluft 180°) ca. 20 Min. backen. Die Törtchen sollen in der Mitte noch weich sein. Leicht abgekühlt aus den Formen lösen. Puderzucker mit Mokkalikör glatt rühren, die Törtchen damit glasieren und je eine Mokkabohne in die Mitte setzen.

gelingt leicht

Haferflocken-Muffins

1 Becher Milch | ½ Becher blütenzarte Haferflocken | 50 g weiche Butter | ½ Becher getrocknete Aprikosen | 2 Eier | 4 EL Aprikosenmarmelade | 1 Päckchen Vanillezucker | 1 Becher Mehl, Type 550 | 1 TL Backpulver | 1 Msp. Salz | Fett für das Blech (oder 12 Papier-Backförmchen)

Für 1 Muffinsblech (12 Stück)
20 Min. Zubereitung | 30 Min. Backen
Pro Stück ca. 140 kcal, 4 g EW, 6 g F, 19 g KH

1 Milch mit Haferflocken in einem Topf aufkochen, Butter einrühren und vom Herd nehmen. Den Backofen auf 170° vorheizen. Das Muffinsblech fetten. Die Aprikosen klein schneiden. Die Eier trennen.

2 Die Eigelbe mit Aprikosenmarmelade, getrockneten Aprikosen und Vanillezucker zu den Haferflocken rühren. Mehl mit Backpulver mischen und unterrühren. Die Eiweiße mit Salz steif schlagen und unterheben. Den Teig in das Blech füllen. Im Ofen (Mitte, Umluft 150°) 25–30 Min. backen.

saftig

Quark-Kirsch-Muffins

2 Eier | 120 g weiche Butter | 2 Becher Magerquark | ½ Becher Zucker | 2 Päckchen Vanillezucker | 1 TL abgeriebene Bio-Zitronenschale | ¼ Becher Kokosraspel | 1 Becher Weichweizengrieß | 2 TL Backpulver | 1 Becher Sauerkirschen (Glas oder TK) | 12 Papier-Backförmchen

Für 1 Muffinsblech (12 Stück)
25 Min. Zubereitung | 30 Min. Backen
Pro Stück ca. 220 kcal, 9 g EW, 11 g F, 22 g KH

1 Den Backofen auf 180° vorheizen. Das Muffinsblech mit Papier-Backförmchen auslegen. Die Eier trennen. Butter, Quark, Zucker, Vanillezucker, Zitronenschale und Eigelbe verrühren. Kokosraspel, Grieß und Backpulver mischen und zufügen. Die Eiweiße steif schlagen und unterheben.

2 Die Vertiefungen mit je 2 EL Teig füllen, 3–4 Kirschen darauflegen und mit dem restlichen Teig bedecken. Im Backofen (Mitte, Umluft 160°) 30 Min. backen. Abgekühlt aus den Formen lösen.

herbstlich

Apfel-Nuss-Muffins

2 kleine Äpfel | 100 g Butter | 1 Becher Crème fraîche (200 g) | 4 EL Puderzucker | 2 Päckchen Vanillezucker | 2 Eier | 2 EL Magerquark | 1 Becher gemahlene Haselnüsse | 1 Becher Mehl, Type 405 | 4 EL gehackte Mandeln | 1–2 Msp. Zimtpulver | 12 ganze Haselnusskerne | Fett und gemahlene Haselnüsse für das Blech

Für 1 Muffinsblech (12 Stück)
15 Min. Zubereitung | 25 Min. Backen
Pro Stück ca. 290 kcal, 5 g EW, 23 g F, 17 g KH

1 Den Backofen auf 180° vorheizen. Das Muffinsblech fetten und mit gemahlenen Haselnüssen ausstreuen. Äpfel schälen, Kerngehäuse entfernen und klein schneiden. Butter in einem Topf schmelzen. Crème fraîche, Puderzucker, Vanillezucker, Eier und Quark verrühren. Haselnüsse, Mehl, Mandeln, Zimt, flüssige Butter und Äpfel zufügen und unterheben. Den Teig in die Blechvertiefungen füllen. Jeweils 1 Haselnuss in die Mitte setzen. Im Backofen (Mitte, Umluft 160°) 20–25 Min. backen.

edel

Weiße Schoko-Muffins

1 Becher Rosinen | 3 EL Rum | 100 g weiße Schokolade | 100 g weiche Butter | 1 Becher Puderzucker | 2 Eier | 2 Becher gemahlene Mandeln | 5 EL Mehl, Type 405 | 12 Papier-Backförmchen

Für 1 Muffinsblech (12 Stück)
20 Min. Zubereitung | 30 Min. Backen
Pro Stück ca. 310 kcal, 6 g EW, 19 g F, 28 g KH

1 Die Rosinen in Rum einweichen, den Backofen auf 180° vorheizen. Das Muffinsblech mit Papierbackförmchen auslegen. Die Schokolade grob raspeln. Butter und Puderzucker schaumig rühren. Die Eier unterrühren, zum Schluss Mandeln und Schokolade zufügen.

2 Die Rosinen aus dem Rum nehmen, in Mehl wälzen und mit restlichem Rum und Mehl zu der Schokoladen-Masse geben. Den Teig in die Vertiefungen füllen. Im Ofen (Mitte, Umluft 160°) 25–30 Min. backen. Leicht abgekühlt aus den Formen lösen.

herbstlich | fruchtig

Quitten-Muffins

Diese Muffins verdanken ihren Geschmack der Kombination aus Quitten, Feigen und Ingwer. Gebräunte Butter sorgt zusätzlich für Aroma.

¾ Becher getrocknete Feigen (100 g)
3 EL Weinbrand
1 Stück frischer Ingwer (ca. 2 cm)
100 g Butter
2 Eier
⅓ Becher Zucker
¾ Becher Quittengelee
1½ Becher Mehl, Type 405
2 TL Backpulver
3 EL Milch
1 Prise Salz
12 Papier-Backförmchen

Für 1 Muffinsblech (12 Stück)
30 Min. Zubereitung | 25 Min. Backen
Pro Stück ca. 230 kcal, 3 g EW, 8 g F, 34 g KH

1 Den Backofen auf 180° vorheizen. Die Blechvertiefungen mit Papier-Backförmchen auslegen. Die Feigen mit dem Weinbrand übergießen. Den Ingwer schälen und fein hacken. Die Butter in einem Topf bei mittlerer Hitze zerlassen und langsam erhitzen, bis sie goldbraun ist. Vom Herd nehmen und abkühlen lassen.

2 Inzwischen die Eier trennen. Die Eigelbe mit Zucker schaumig rühren. Die Feigen mit der braunen Butter pürieren und mit ½ Becher Quittengelee und dem Ingwer in die Eigelbmasse rühren. Das Mehl mit dem Backpulver mischen und unterrühren und die Milch zufügen. Die Eiweiße mit Salz steif schlagen und behutsam unter die Masse ziehen.

3 Den Teig in die Papierförmchen füllen und im Backofen (Mitte, Umluft 160°) ca. 25 Min. backen. Das restliche Quittengelee erwärmen und die Muffins damit überziehen. Leicht abgekühlt aus den Formen lösen.

DEKO-TIPP

Festlicher werden die Muffins mit einem Guss aus Puderzucker. Dafür 4 EL Puderzucker mit 2 EL Orangensaft glatt rühren, die Muffins damit glasieren und mit kandierten Ingwerstückchen verzieren.

FRUCHTIGER AROMA-TIPP

Mit selbst gemachtem **Quittenmus** schmecken die Muffins noch fruchtiger. Dafür 2 Quitten gut waschen, das Kerngehäuse entfernen und in Achtel schneiden. 1 Stück frischen Ingwer (ca. 2 cm) schälen und fein hacken. Mit 1 Becher Apfelsaft in einen Topf geben und zugedeckt bei kleiner Hitze ca. 20 Min. kochen. Vom Herd nehmen, fein pürieren und ⅓ Becher Zucker zugeben und abkühlen lassen. Die Muffins anstelle von Quittengelee mit dem Mus zubereiten.

GUT ZU WISSEN

Braune Butter gibt Keksen und Plätzchen (z. B. Heidesand) einen herrlich nussigen Geschmack. Sie kann auf Vorrat hergestellt und in einem verschlossenen Glas 6–8 Wochen im Kühlschrank aufbewahrt werden.

Für die herzhafte Variante, einfach den Zucker durch 1 TL Salz ersetzen und den Magerquark durch einen Becher Schmand.

ganz einfach

Sonntagsbrötchen

Diese kleinen Frühstücks-Naschwerke sind im Handumdrehen fertig. Geschmackssache ist dabei lediglich, ob man sie lieber pur oder mit einer Füllung genießt.

1 Becher Magerquark | 1/3 Becher Milch | 1/3 Becher Öl | 1/2 Becher Zucker | 1 Päckchen Vanillezucker | 1 Prise Salz | 3 Becher Mehl, Type 405 | 3 1/2 TL Backpulver | 1 Eigelb | 1 EL Milch | 1–2 EL gehackte Pistazienkerne

Für 12 Stück
25 Min. Zubereitung | 25 Min. Backen
Pro Stück ca. 215 kcal, 7 g EW, 5 g F, 37 g KH

1 Den Backofen auf 180° vorheizen. Das Blech mit Backpapier auslegen. Quark, Milch, Öl, Zucker, Vanillezucker und Salz verrühren. Mehl mit Backpulver mischen und die Hälfte davon mit der Quark-Öl-Masse verrühren. Das restliche Mehl zügig unterkneten, je nach Konsistenz noch etwas Mehl unterkneten.

2 Aus dem Teig eine Rolle formen und in 12 gleichmäßige Stücke schneiden. Zu runden Brötchen formen, flach drücken und etwas einschneiden. Eigelb und Milch verrühren und die Brötchen damit bestreichen. Gehackte Pistazienkerne darüberstreuen. Im Backofen (Mitte, Umluft 160°) 20–25 Min. backen.

VARIANTEN

Sie können die Brötchen beliebig füllen, z. B. mit klein gehackten Nüssen, mit einer Mischung aus Aprikosenmarmelade und klein geschnittenen Soft-Aprikosen oder mit kleinen Stücken Marzipan-Rohmasse. Achten Sie nur darauf, den Teig wieder gut zu verschließen.

fruchtig

Datteltaschen

Teigzutaten wie im Rezept Sonntagsbrötchen
5–6 EL Pflaumenmus | 14 kleine, entsteinte Datteln (oder 7 große Datteln, halbiert) | 1 Ei und 1 EL Milch zum Bestreichen

Für 14 Stück
25 Min. Zubereitung | 25 Min. Backen
Pro Stück ca. 220 kcal, 6 g EW, 4 g F, 40 g KH

1 Den Teig nach dem Grundrezept herstellen und auf Backpapier oder nur ganz wenig Mehl ausrollen. Den Backofen auf 180° vorheizen.

2 Mit einem Glas oder einem Ausstecher Kreise von etwa 11 cm ∅ ausstechen. Jeweils 1 knappen TL Pflaumenmus auf die untere Hälfte geben, darauf die Dattel legen. Das Ei trennen. Den Rand mit Eiweiß bestreichen, umschlagen, sehr gut andrücken und mit einer Gabel ringsum eindrücken. Eigelb mit Milch verrühren und die Taschen damit bestreichen. Im Backofen (Mitte, Umluft 160°) 20–25 Min. backen.

gästefein

Rosinenzöpfchen

Teigzutaten wie im Rezept Sonntagsbrötchen
¾ Becher Rosinen | 1 El Mehl | Mehl für die Arbeitsfläche | 2 EL Milch zum Bestreichen | Puderzucker zum Bestäuben

Für 4 Stück
25 Min. Zubereitung | 25 Min. Backen
Pro Stück ca. 685 kcal, 21 g EW, 12 g F, 127 g KH

1 Den Backofen auf 190° vorheizen. Das Backblech mit Backpapier belegen. Den Teig wie bei den Sonntagsbrötchen herstellen, jedoch noch die Rosinen in 1 EL Mehl wälzen, dazugeben und zu einem glatten Teig verkneten.

2 Den Teig in 4 gleich große Stücke teilen. Jedes Stück auf einer bemehlten Arbeitsfläche dritteln, die Drittel zu Rollen formen und daraus Zöpfe flechten. Auf das Backblech legen und mit der Milch bestreichen. Im Backofen (Mitte, Umluft 170°) ca. 25 Min. backen. Lauwarm mit Puderzucker bestäuben und ganz frisch servieren.

frisch am besten

Süße Brezeln

50 g Butter | 1 EL Magerquark
½ Becher Zucker
1 Päckchen Vanillezucker | 1 Prise Salz
1 Msp. Zimtpulver
1 Ei | 1 Eigelb
1 EL frisch gebrühter Kaffee
1 EL Rum (nach Belieben)
1 EL Kakaopulver
2 Becher Mehl, Type 550
1 TL Backpulver
1 EL Hagelzucker

Für 6 Stück
25 Min. Zubereitung | 20 Min. Backen
Pro Stück ca. 295 kcal, 8 g EW, 3 g F, 58 g KH

1 Die Butter in einem kleinen Topf schmelzen und etwas abkühlen lassen. Den Backofen auf 170° vorheizen. Blech mit Backpapier belegen. Zerlassene Butter, Quark, Zucker, Vanillezucker, Salz, Zimt, Ei, Eigelb, Kaffee und Rum verrühren. Kakao, die Hälfte des Mehls und Backpulver mischen, zufügen und unterrühren. Das restliche Mehl rasch unterkneten.

2 Den Teig in 6 gleich große Stücke teilen. Jedes Stück zu einer Rolle formen und daraus eine Brezel drehen. Auf das Backblech legen und mit Hagelzucker bestreuen. Im Backofen (Mitte, Umluft 150°) 15–20 Min. backen. Lauwarm oder kalt servieren.

UND DAZU?
Die Brezeln schmecken besonders gut mit heißem Tee, Kaffee, Glühwein oder Punsch.

ganz fein

Hagebuttenküsschen

Für den Teig
2 EL Quark | ½ Becher Rohrzucker
1 Ei | 1 Prise Salz
2–3 Msp. Sternanispulver
1 TL abgeriebene Bio-Zitronenschale
3½ EL neutrales Öl (z. B. Sonnenblumenöl)
½ Becher gemahlene Mandeln
1½ Becher Mehl, Type 550
2 TL Backpulver
Für die Füllung
1 Eigelb | 1 EL Milch
etwa ¼–½ Becher Hagebuttenmark

Für etwa 15 Stück
35 Min. Zubereitung | 20 Min. Backen
Pro Stück ca. 155 kcal, 3 g EW, 6 g F, 22 g KH

1 Den Backofen auf 170° vorheizen. Das Backblech mit Backpapier belegen. Quark, Rohrzucker, Ei, Salz, Sternanis, Zitronenschale und Öl verrühren. Die Mandeln, die Hälfte des Mehls und das Backpulver mischen und kurz unterrühren. Das restliche Mehl unterkneten.

2 Aus dem Teig walnussgroße Kugeln formen und auf das Blech setzen. Jeweils in der Mitte mit dem Finger leicht eindrücken, Eigelb und Milch verrühren und damit bestreichen, etwas Hagebuttenmark in die Vertiefungen füllen. Im Backofen (Mitte, Umluft 150°) ca. 20 Min. backen.

oben: Süße Brezeln | unten: Hagebuttenküsschen

edel

Pistazien-Cranberry-Kekse

Grüne Pistazien werden hier mit roten Cranberries, Sahne und weißer Schokolade kombiniert. Das Ergebnis sind himmlische Kekse, die nicht nur zu Weihnachten erfreuen.

100 g weiße Schokolade | ⅓ Becher Pistazienkerne | ¾ Becher getrocknete Cranberries | 100 g weiche Butter | ½ Becher Zucker | 2 Eier | 3 EL Rum | 3 EL Sahne | 1½ Becher Mehl, Type 405

Für ca. 45 Stück
35 Min. Zubereitung | 25 Min. Backen
Pro Stück ca. 70 kcal, 1 g EW, 4 g F, 8 g KH

1 Die weiße Schokolade reiben. Die Pistazienkerne hacken und die Cranberries klein schneiden. Den Backofen auf 180° vorheizen. Zwei Backbleche mit Backpapier auslegen.

2 Die Butter mit dem Zucker schaumig schlagen. Die Eier nach und nach zufügen, dann Rum, weiße Schokolade, Cranberries, Pistazien und Sahne unterrühren. Das Mehl behutsam unterheben.

3 Aus dem Teig mit Hilfe von 2 Teelöffeln Plätzchen formen und mit großem Abstand zueinander auf die Bleche setzen. Im Backofen (Mitte, Umluft 160°) 20–25 Min. backen. Etwas auskühlen lassen und vom Blech nehmen.

AUFBEWAHRUNGS-TIPP

Die Kekse in Blechdosen schichten, jede Lage mit Pergamentpapier abdecken. Auch nach 3–4 Wochen sind sie so lecker wie am ersten Tag.

VARIANTE – MUFFINS

In den Teig zusätzlich noch 4–5 EL Sahne rühren und 1 TL Backpulver unter das Mehl mischen. Das Muffinsblech einfetten und mit Mehl ausstreuen. Den Teig einfüllen; die Mitte mit einer Pistazie belegen und bei 180° (Mitte, Umlauft 160°) 20–25 Min. backen.

englisch inspiriert

Ingwer-Makronen

50 Backoblaten von 50 mm Ø | 2 EL kandierter Ingwer (Feinkostladen) | 1 Bio-Zitrone | 3 Eiweiße | 1 Prise Salz | 1 Becher Puderzucker | 2 Becher gemahlene Mandeln | 1 EL Speisestärke | 1 EL Schokoladenraspel

Für ca. 50 Stück
25 Min. Zubereitung | 20 Min. Backen
Pro Stück ca. 40 kcal, 1 g EW, 2 g F, 3 g KH

1 Den Backofen auf 170° vorheizen. Das Backblech mit Oblaten auslegen. Den Ingwer fein hacken. Die Zitrone heiß waschen, abtrocknen, die Schale fein abreiben und den Saft auspressen.

2 Die Eiweiße mit Salz steif schlagen und den Puderzucker zufügen. 1–2 TL Zitronenschale, 2 EL Zitronensaft, Ingwer, Mandeln, Speisestärke und Schokoladenraspel zufügen. Die Masse mit zwei Teelöffeln auf die Oblaten häufen und im Backofen (Mitte, Umluft 150°) 15–20 Min. backen.

kernig

Haselnusshäufchen

150 g kalte Butter | ½ Becher Rohrzucker | 2 Eigelbe | 1 Prise Salz | 1 Becher gemahlene Haselnüsse | 1 Becher Mehl, Type 405 | 35 Backoblaten von 50 mm Ø | ½ Becher gemischte Kerne (z. B. Sonnenblumen-, Kürbis-, Pistazienkerne)

Für ca. 35 Stück
15 Min. Zubereitung | 20 Min. Backen
Pro Stück ca. 90 kcal, 1 g EW, 6 g F, 6 g KH

1 Den Backofen auf 170° vorheizen. Butter, Rohrzucker, Eigelbe, Salz, Haselnüsse und Mehl schnell verkneten.

2 Den Teig mit zwei Teelöffeln auf die Oblaten streichen oder drücken und mit den Kernen bestreuen. Die Kerne dabei etwas festdrücken. Im Backofen (Mitte, Umluft 150°) 20 Min. backen.

Festliche Kuchen

Diese fruchtige Tarte backe ich gern, wenn ich wenig Zeit habe, aber meine Gäste trotzdem verwöhnen will. Dieser Teig ist im Handumdrehen geknetet. Der feine Mandelgeschmack des Marzipans unterstreicht das Aroma der Heidelbeeren besonders gut.

Heidelbeertarte mit Baiserhaube

Für den Teig
75 g Marzipanrohmasse | 75 g Butter
1 EL Magerquark | 2 Eier
½ Becher Zucker
2 Becher Mehl, Type 550
2 TL Backpulver
Fett und Mehl für die Form
Für den Belag
2 Becher Heidelbeeren (500 g, frisch oder TK)
3 Eiweiße
1 gute Prise Salz | 2 Päckchen Vanillezucker
1 Msp. Backpulver | 2½ EL gemahlene Mandeln

Für eine Tarte- oder Springform von 26 cm Ø
(12 Stück)
25 Min. Zubereitung | 30 Min. Backen
Pro Stück ca. 215 kcal, 7 g EW, 5 g F, 36 g KH

1 Den Backofen auf 180° vorheizen. Die Form einfetten und mit Mehl ausstreuen. Das Marzipan klein würfeln, die Butter schmelzen und mit dem Marzipan pürieren. Mit Quark, Eiern, Zucker und Butter verrühren. Mehl mit Backpulver mischen und zügig unterkneten. Den Teig in die Form geben, mit der Hand flach drücken und einen Rand hochziehen. Im Backofen (Mitte, Umluft 160°) 20 Min. backen.

2 Frische Heidelbeeren verlesen, TK-Ware unaufgetaut verwenden. Die Eiweiße mit Salz, Vanillezucker und Backpulver steif schlagen. Die Mandeln auf den vorgebackenen Teig streuen, die Heidelbeeren darüber verteilen (2,5 cm Rand frei lassen). Die Baisermasse auf den Kuchen streichen. Nochmals 8–10 Min. backen.

macht schnell was her

Dinkel-Brombeer-Torte

Das Geheimnis dieser Torte liegt in der Kombination von saftigen Brombeeren, Haselnüssen und säuerlicher Buttermilch.

3 Becher Brombeeren (ca. 350 g, frisch oder TK)
150 g weiche Butter
¾ Becher Zucker
2 Päckchen Vanillezucker
3 Eier
1¾ Becher Buttermilch
2 Becher gemahlene Haselnüsse
2¼ Becher Dinkelmehl, Type 630
3 TL Backpulver
1½ EL Kakaopulver
1 EL Schmand
1 Becher Sahne
1 Päckchen Vanillezucker
Fett und Mehl für die Form

Für 1 Springform von 26 cm Ø (12 Stück)
25 Min. Zubereitung | 45 Min. Backen
Pro Stück ca. 390 kcal, 10 g EW, 18 g F, 45 g KH

1 Den Backofen auf 180° vorheizen. Die Springform einfetten und mit Mehl ausstreuen. Frische Brombeeren verlesen, TK-Ware unaufgetaut verwenden. 12 schöne Früchte zur Seite legen.

2 Butter, Zucker und Vanillezucker schaumig aufschlagen. Die Eier nach und nach zufügen und weiterschlagen. Die Buttermilch sowie 1½ Becher gemahlene Haselnüsse zufügen und glatt rühren. Das Dinkelmehl mit dem Backpulver mischen und unterrühren.

3 Die Hälfte des Teiges in die Form füllen. Die restlichen Haselnüsse auf den Teig streuen. Die Brombeeren darüber verteilen. In die zweite Teighälfte Kakaopulver und Schmand rühren, über den Brombeeren verteilen und glatt streichen. Im Backofen (Mitte, Umluft 160°) 45 Min. backen. Leicht abkühlen lassen und aus der Form lösen.

4 Die Sahne mit dem Vanillezucker steif schlagen und die Torte mit Hilfe eines nassen Messers oder einer Palette gleichmäßig bestreichen. Mit den 12 Brombeeren verzieren.

AUSTAUSCH-TIPP

Falls sie keine Brombeeren bekommen, schmeckt die Torte auch herrlich fruchtig mit einem **TK-Beeren-Mix.**

SERVIER-TIPP

Wenn Sie keine Sahne-Deko mögen, servieren Sie separat zur Torte **Zimtsahne.** Dazu für 6 Portionen 1 Becher Sahne mit 1 Päckchen Vanillezucker und 1 Msp. Zimtpulver steif schlagen.

gästefein

Apfelkuchen mit Sabayon

Bei diesem Apfelkuchen versinken die Früchte in einer luftig aufgeschlagenen Schaumsauce aus Apfelsaft und Calvados.

3 Eier
100 g weiche Butter
1 Becher Zucker
1 Becher Weizenvollkornmehl
1½ TL Backpulver
1 Becher Kokosraspel
1 Prise Salz
½ Becher Apfelsaft
3 EL Calvados
1 Päckchen Vanillezucker
1 TL Speisestärke
1 TL abgeriebene Bio-Zitronenschale
3–4 Äpfel (z. B. Cox Orange)
1 TL neutrales Öl
Puderzucker zum Bestäuben
Fett und Mehl für die Form

Für 1 Springform 26 cm Ø (12 Stück)
25 Min. Zubereitung | 45 Min. Backen
Pro Stück ca. 250 kcal, 3 g EW, 13 g F, 30 g KH

1 Den Backofen auf 180° vorheizen. Die Form einfetten und mit Mehl ausstreuen. 2 Eier trennen. Butter und ½ Becher Zucker schaumig rühren. Das ganze Ei zufügen. Mehl mit Backpulver und Kokosraspeln mischen und unterrühren. Die 2 Eiweiße mit Salz steif schlagen und unterziehen. Den Teig in die Form füllen.

2 Die 2 Eigelbe mit Apfelsaft, Cidre, restlichem Zucker, Vanillezucker, Speisestärke und Zitronenschale in einen Topf geben und bei kleiner Hitze unter ständigem Rühren cremig aufschlagen (die Masse darf nicht kochen!) und vom Herd nehmen. Die Äpfel schälen, halbieren, das Kerngehäuse entfernen und in Spalten schneiden.

3 Die Sabayon in die Form geben und glatt streichen, die Apfelspalten darauf anordnen und die Äpfel mit Öl bestreichen. Den Kuchen (Mitte, Umluft 160°) ca. 45 Min. backen, etwas auskühlen lassen, aus der Form lösen und ganz abgekühlt mit Puderzucker bestäuben.

GUT ZU WISSEN

Das Bestreichen der Äpfel mit Öl verleiht ihnen Glanz, sie bleiben außerdem saftiger und werden nicht so schrumpelig.

AUSTAUSCH-TIPP

Für noch mehr Apfelaroma: Anstelle von Calvados können Sie auch die gleiche Menge **Cidre** verwenden. Wenn Kinder mitessen, nehmen Sie nur Apfelsaft.

gut vorzubereiten

Mandelkranz

1 Becher Magerquark
1 Becher Zucker
1 Prise Salz | 4 Eier
1 Becher neutrales Öl (z.B. Sonnenblumenöl)
je 1 Becher gehackte, gehobelte und gemahlene Mandeln
1 Becher Kakaopulver
1 Becher Mehl, Type 405
1 Becher Vollkornmehl
3 TL Backpulver
1½ Becher Puderzucker
2–3 EL Amaretto
1 EL Mandelblättchen
Fett und Mehl für die Form

Für 1 Kranzform von 2 l Inhalt (22 Stück)
25 Min. Zubereitung | 55 Min. Backen
Pro Stück ca. 275 kcal, 8 g EW, 13 g F, 32 g KH

1 Den Backofen auf 170° vorheizen. Die Form fetten und mit Mehl ausstreuen. Quark, Zucker und Salz verrühren. Die Eier eines nach dem anderen unterrühren. Öl, gehackte, gehobelte und gemahlene Mandeln sowie Kakaopulver darunterrühren. Mehl, Vollkornmehl und Backpulver mischen, unterheben und nur kurz weiterschlagen.

2 Den Teig in die Form füllen, glatt streichen. Im Backofen (Mitte, Umluft 150°) 55 Min. backen. In der Form 15–20 Min. abkühlen lassen, dann aus der Form stürzen und ganz auskühlen lassen. Für die Glasur den Puderzucker mit dem Amaretto glatt rühren, den Kranz damit überziehen und mit Mandelblättchen bestreuen.

sommerlich-erfrischend

Himbeer-Buttermilch-Torte

Für den Teig
2 Eier | 1 Eigelb | 4 EL feiner Zucker
1 Päckchen Vanillezucker | 6 EL Mehl, Type 405
1 EL Speisestärke | ½ Becher gemahlene Mandeln
Für den Belag
3⅓ Becher Himbeeren (400 g, frisch oder TK)
14 Blatt weiße Gelatine | 2 Becher Sahne
2½ Becher Buttermilch (500 g)
1 Becher Puderzucker | 10 Minzeblättchen

Für 1 Springform von 24 cm Ø (10 Stück)
30 Min. Zubereitung | 20 Min. Backen
2 Std. Kühlen
Pro Stück ca. 320 kcal, 9 g EW, 18 g F, 31 g KH

1 Den Backofen auf 180° vorheizen, Formboden mit Backpapier belegen. Eier und Eigelb mit Zucker und Vanillezucker cremig schlagen. Mehl, Speisestärke und Mandeln unterheben. Den Teig in die Form füllen und ca. 20 Min. (Mitte, Umluft 160°) backen, abkühlen lassen und das Papier abziehen. Die Himbeeren verlesen (10 Früchte beiseitelegen), pürieren und durch ein Sieb streichen.

2 Die Gelatine 5 Min. in kaltem Wasser einweichen, ½ Becher Sahne in einem kleinen Topf erwärmen, die ausgedrückte Gelatine darin auflösen. Buttermilch und Himbeerpüree zufügen und die Masse ca. 10 Min. kalt stellen, bis sie zu gelieren beginnt. Restliche Sahne mit Puderzucker steif schlagen und unter die Gelatine-Creme ziehen. Den Teigboden auf eine Kuchenplatte legen, den Rand der Springform wieder verschließen und die Creme einfüllen. Die Torte ca. 2 Stunden kalt stellen. Mit Himbeeren und Minzeblättchen verzieren.

oben: Himbeer-Buttermilch-Torte | unten: **Mandelkranz**

raffiniert

Preiselbeer-Schokoladen-Torte

Die festliche Torte schmeckt auch super als Dessert. Mit einer Prise Chili würzen Sie die spannende Verbindung aus herber Schokolade, Marzipan und Preiselbeeren.

Für den Teig
150 g Marzipanrohmasse
5 Eier
50 g Bitterschokolade (70% Kakaoamasse)
50 g Butter
½ Vanillestange
½ Becher Zucker
½ Becher Mehl, Type 405
2 EL Speisestärke
2 EL Kakaopulver
1 Msp. Chilipulver
1 Prise Salz
Für die Füllung
4 EL Cognac
100 g Marzipanrohmasse
Puderzucker zum Ausrollen
5 EL Wildpreiselbeeren (Glas)
150 g Zartbitterkuvertüre
40 g Schokoladenröllchen
2 EL gehackte Pistazienkerne

Für 1 Springform von 24 cm Ø (12 Stück)
60 Min. Zubereitung | 25 Min. Backen
Pro Stück ca. 360 kcal, 7 g EW, 19 g F, 39 g KH

1 Für den Teig die Marzipanrohmasse auf der Rohkostreibe fein reiben. 4 Eier trennen. Die Schokolade mit Butter im Wasserbad schmelzen. Die Vanillestange aufschneiden und das Mark herauskratzen. Den Backofen auf 210° vorheizen. Die Form komplett mit Backpapier auslegen.

2 Marzipan, Zucker, Vanillemark, Eigelbe und das ganze Ei schaumig rühren. Mehl, Speisestärke, Kakaopulver und Chilipulver mischen und unterheben. Die Schokoladen-Butter-Masse zufügen. Die Eiweiße mit Salz steif schlagen und nach und nach unterziehen. Den Teig in die Form füllen, glatt streichen und im Backofen (Mitte, Umluft 190°) 20–25 Min. backen. Den Biskuitboden etwas abkühlen lassen, aus der Form lösen und das Backpapier vorsichtig entfernen.

3 Den Schokoladenbiskuit waagerecht zweimal durchschneiden. Die drei Teigplatten mit Cognac beträufeln (Bild 1). Die Marzipanmasse auf Puderzucker in der Größe einer Teigplatte ausrollen. Auf den ersten Boden die Hälfte der Preiselbeeren streichen und die Marzipanplatte darauflegen (Bild 2). Mit dem zweiten Biskuitboden abdecken, die Oberseite mit den restlichen Preiselbeeren bestreichen und mit dem letzten Biskuitboden abdecken.

4 Die Schokoladenkuvertüre im Wasserbad unter Rühren schmelzen lassen. Die Torte damit überziehen. Mit Schokoladenröllchen und gehackten Pistazien dekorieren.

1

2

3

für besondere Anlässe

Backpflaumen-Grieß-Torte

Kennen Sie den «Far breton» aus Frankreich? Er hat mich zu dieser Grießtorte angeregt. Die fruchtige Füllung besteht aus in Portwein eingelegten Backpflaumen.

Für den Belag
3 Becher entsteinte Backpflaumen (500 g)
50 g Butter
½ Becher Zucker
1 Becher Portwein (ersatzweise Pflaumensaft)
½ TL Zimtpulver (oder 1 Zimtstange)
Für den Teig
80 g weiche Butter
½ Becher Zucker
2 Eier
1 Becher Weichweizengrieß
1 Becher Mehl, Type 405
2 TL Backpulver
3–4 EL Milch
Fett und Mehl für die Form
Für den Guss
150 g Crème fraîche
½ Becher Zucker
2 Eier
2 TL abgeriebene Bio-Zitronenschale
1 TL Speisestärke

Für 1 Springform von 28 cm Ø (16 Stück)
30 Min. Zubereitung | 50 Min. Backen
Pro Stück ca. 345 kcal, 5 g EW, 13 g F, 49 g KH

1 Die Backpflaumen in kleine Stücke schneiden. Butter und Zucker in einen Topf geben und bei mittlerer Hitze leicht karamellisieren lassen. Mit Portwein (oder Pflaumensaft) ablöschen. Backpflaumen und Zimt (oder Zimtstange) zufügen und bei mittlerer Hitze und unter ständigem Rühren in etwa 5 Min. dick einkochen (gegebenenfalls die Zimtstange entfernen) und vom Herd nehmen.

2 Den Backofen auf 190° vorheizen. Die Form einfetten und mit Mehl ausstreuen. Butter mit Zucker schaumig schlagen. Die Eier nach und nach zufügen. Grieß, Mehl und Backpulver mischen und unterrühren. Die Milch zugeben. Der Teig soll schwer vom Löffel fallen. In die Form füllen und glatt streichen. Das Backpflaumenkompott gleichmäßig darauf verteilen.

3 Crème fraîche, Zucker, Eier, Zitronenschale und Speisestärke verrühren, über die Backpflaumen gießen. Im Backofen (Mitte, Umluft 170°) 45–50 Min. backen. In der Form erkalten lassen.

AUFBEWAHRUNGS-TIPP
An einem kühlen Ort in einer luftdicht verschlossenen Dose oder in einem Schraubglas halten sich die Pflaumen lange frisch und bleiben dabei schön weich.

Zum Gebrauch
Damit Sie Rezepte mit bestimmten Zutaten noch schneller finden können, stehen in diesem Register zusätzlich auch beliebte Zutaten wie **Mandeln** oder **Quark** – ebenfalls alphabetisch geordnet und **hervorgehoben** – über den entsprechenden Rezepten.

Unsere Garantie

Alle Informationen in diesem Ratgeber sind sorgfältig und gewissenhaft geprüft. Sollte dennoch einmal ein Fehler enthalten sein, schicken Sie uns das Buch mit dem entsprechenden Hinweis an unseren Leserservice zurück. Wir tauschen Ihnen den GU-Ratgeber gegen einen anderen zum gleichen oder ähnlichen Thema um.

Liebe Leserin und lieber Leser,

wir freuen uns, dass Sie sich für ein GU-Buch entschieden haben. Mit Ihrem Kauf setzen Sie auf die Qualität, Kompetenz und Aktualität unserer Ratgeber. Dafür sagen wir Danke! Wir wollen als führender Ratgeberverlag noch besser werden. Daher ist uns Ihre Meinung wichtig. Bitte senden Sie uns Ihre Anregungen, Ihre Kritik oder Ihr Lob zu unseren Büchern. Haben Sie Fragen oder benötigen Sie weiteren Rat zum Thema? Wir freuen uns auf Ihre Nachricht!

Wir sind für Sie da!
Montag – Donnerstag: 8.00 – 18.00 Uhr;
Freitag: 8.00 – 16.00 Uhr
Tel.: 0180 - 5 00 50 54*
Fax: 0180 - 5 01 20 54*
E-Mail:
leserservice@graefe-und-unzer.de

*(0,14 €/Min. aus dem dt. Festnetz/ Mobilfunkpreise können abweichen.)

P.S.: Wollen Sie noch mehr Aktuelles von GU wissen, dann abonnieren Sie doch unseren kostenlosen GU-Online-Newsletter und/oder unsere kostenlosen Kundenmagazine.

GRÄFE UND UNZER VERLAG
Leserservice
Postfach 86 03 13
81630 München

© 2007
GRÄFE UND UNZER VERLAG GmbH, München

Alle Rechte vorbehalten. Nachdruck, auch auszugsweise, sowie die Verbreitung durch Film, Funk, Fernsehen und Internet, durch fotomechanische Wiedergabe, Tonträger und Datenverarbeitungssysteme jeglicher Art nur mit schriftlicher Genehmigung des Verlages.

Programmleitung: Doris Birk
Leitende Redakteurin:
Birgit Rademacker
Redaktion: Tanja Dusy
Lektorat: Petra Puster
Layout, Typografie und Umschlaggestaltung: independent Medien-Design, München
Satz: Liebl Satz+Grafik, Emmering
Herstellung: Martina Müller
Reproduktion:
Repro Ludwig, Zell am See
Druck: Firmengruppe APPL, aprinta druck, Wemding
Bindung: Firmengruppe APPL, sellier druck, Freising

ISBN 978-3-8338-0675-9

2. Auflage 2009

GRÄFE UND UNZER

Ein Unternehmen der
GANSKE VERLAGSGRUPPE

Die Autorin

Renate Kissel, Hauswirtschaftslehrerin und Hotelfachfrau, hat ihre Liebe zum Kochen und Reisen zum Beruf gemacht. Als Autorin schreibt sie seit 20 Jahren Koch- und Reisebücher – immer auf der Suche nach außergewöhnlichen Rezepten, um Vertrautes neu zu entdecken oder Exotisches vertrauter werden zu lassen.

Der Fotograf

Michael Brauner arbeitete nach Abschluss der Fotoschule in Berlin als Fotoassistent bei namhaften Fotografen, bevor er sich 1984 selbstständig machte. Sein Stil wird überall geschätzt: in der Werbung ebenso wie bei vielen bekannten Verlagen. In seinem Studio in Karlsruhe setzt er die Rezepte zahlreicher GU-Titel stimmungsvoll ins Bild.

Titelbildrezept

Auf dem Titelbild sehen Sie den Marzipan-Orangen-Kranz von S. 20 (Variante).

Die Temperaturangaben bei Gasherden variieren von Hersteller zu Hersteller. Welche Stufe Ihres Herdes der jeweils angegebenen Temperatur entspricht, entnehmen Sie bitte der Gebrauchsanweisung. Bei Elektroherden können die Backzeiten je nach Herd variieren.

Kochlust pur

Preis je Band: 7,50 €

Die neuen KüchenRatgeber – da steckt mehr drin

ISBN 978-3-8338-0313-0
64 Seiten

ISBN 978-3-8338-0305-5
64 Seiten

ISBN 978-3-8338-0319-2
64 Seiten

ISBN 978-3-8338-0653-7
64 Seiten

ISBN 978-3-8338-0656-8
64 Seiten

ISBN 978-3-8338-0655-1
64 Seiten

Änderungen und Irrtum vorbehalten

Das macht sie so besonders:

- **Neue mmmh-Rezepte** – unsere beste Auswahl für Sie
- **Praktische Klappen** – alle Infos auf einen Blick
- **Die 10 GU-Erfolgstipps** – so gelingt es garantiert

G|U

Willkommen im Leben.

küchengötter.de powered by G|U

Einfach göttlich kochen und himmlisch speisen?

Die passenden Rezepte, Küchentipps und -tricks

in Wort und Film finden Sie ganz einfach unter:

www.küchengötter.de

Immer obenauf: **Glasuren und Co.**

Puderzuckerglasuren

Dunkle Kuvertüre

Marzipanfiguren

Puderzuckerguss Für einen Guss aus Puderzucker verrühren Sie 1½ Becher Puderzucker mit ca. 3 EL heißem Wasser und 1 EL Zitronensaft. Anstelle des Wassers können Sie den Guss mit verschiedenen Flüssigkeiten geschmacklich und farblich verändern. Rot oder rosa wird der Guss mit rotem Fruchtsaft, grün wird er durch die Beigabe von fein gemahlenen Pistazien und eine gelb-orange Färbung erzielt man mit Orangensaft. Wer es richtig bunt mag, kann selbstverständlich auf Speisefarben zurückgreifen. Mit Arrak, Rum oder einem Likör wird der Puderzuckerguss beschwipst, mit frisch gebrühtem Espresso bekommt er eine zarte Kaffeenote und mit Kakao und 4–5 EL heißer Milch schmeckt er dezent nach Schokolade.

Eine Glasur aus Puderzucker stellen Sie am besten erst kurz vor Gebrauch her, sonst trocknet sie wieder ein. Den Kuchen und die Torte mit der Glasur übergießen und mit einem großen Messer oder einer Palette gleichmäßig verteilen.

Schokoladenglasur ist eine ideale Verzierung für Ihren Kuchen, denn sie sieht immer gut aus und hat den Vorteil, dass der Kuchen länger frisch bleibt. Vollmilch-, Zartbitter- oder weiße Kuvertüre grob zerkleinern und im Wasserbad langsam unter Rühren schmelzen.

Schokospäne Sehr schön und effektvoll kann eine Torte auch mit selbst gehobelten Schokoladenspänen aussehen. Von einem Kuvertürenblock mit einem scharfen Messer dünne Schokoladenspäne abschaben. Noch einfacher geht es, wenn Sie eine Rohkostreibe zu Hilfe nehmen und Späne abhobeln. Dabei ist es ratsam, diese direkt auf die Torte zu raspeln.

Marzipanfiguren Aus Marzipan kann man ganz leicht kleine Figuren selbst ausstechen. Dafür ⅓ Puderzucker auf die Arbeitsfläche sieben und zügig mit ⅔ Marzipanrohmasse verkneten. Nach Belieben mit Safran oder Kirschsaft einfärben. Das Marzipan zwischen Klarsichtfolie 2–3 mm dick auswellen und Figuren ausstechen.